Impressum
Verlag: BABADADA GmbH, Nedderfeld 112 , 22529 Hamburg
Geschäftsführer / Verlagsleitung: Harald Hof
Druck: Books on Demand GmbH, In de Tarpen 42, 22848 Norderstedt

Imprint
Publisher: BABADADA GmbH, Nedderfeld 112 , 22529 Hamburg, Germany
Managing Director / Publishing direction: Harald Hof
Print: Books on Demand GmbH, In de Tarpen 42, 22848 Norderstedt, Germany

skola

shkolla

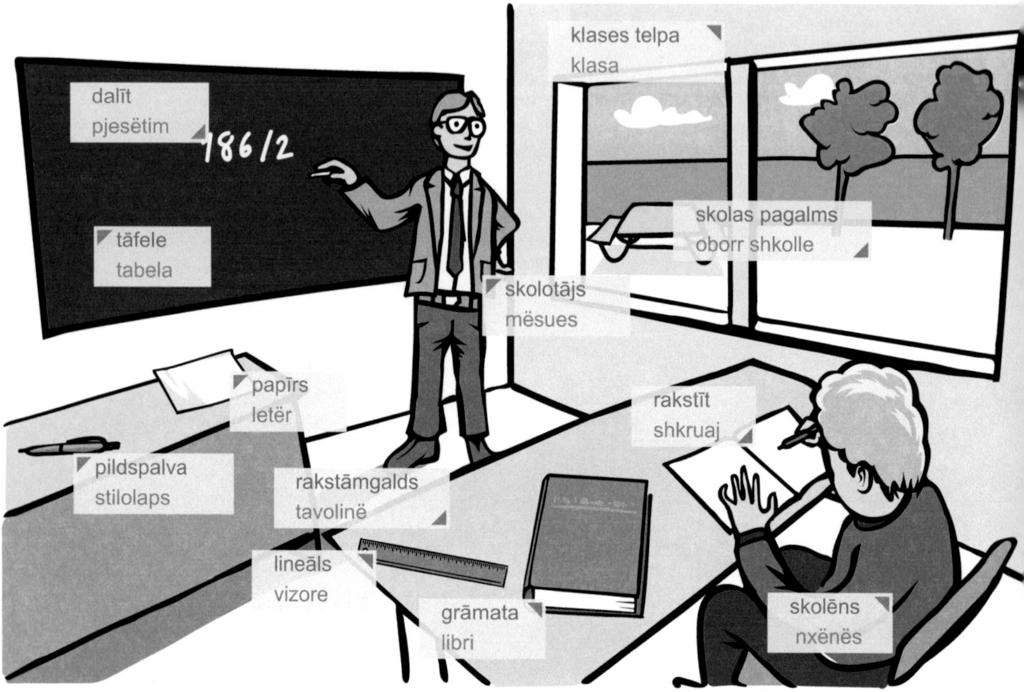

klases telpa
klasa
dalīt
pjesëtim
186/2
tāfele
tabela
skolas pagalms
oborr shkolle
skolotājs
mësues
papīrs
letër
rakstīt
shkruaj
pildspalva
stilolaps
rakstāmgalds
tavolinë
lineāls
vizore
grāmata
libri
skolēns
nxënës

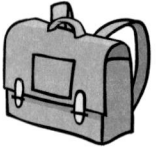

skolas soma

çantë

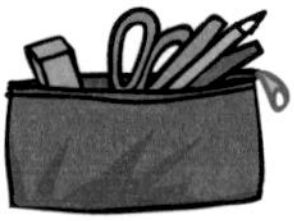

penālis

mbajtëse lapsash

zīmulis

laps

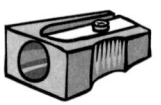

zīmuļu asināmais

mprehës lapsash

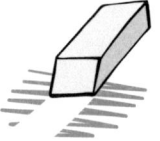

dzēšgumija

gomë

zīmēšanas bloks

fletore vizatimi

zīmējums

vizatim

ota

penel

krāsas

kuti bojërash

šķēres

gёrshёrё

līme

ngjitёs

darba burtnīca

fletore detyrash

mājas darbs

detyrё shtёpie

12

skaitlis

numёr

2+2

saskaitīt

mbledh

5-2

atņemt

zbres

2×2

reizināt

shumёzoj

rēķināt

llogaris

A

burts

gёrmё

**ABCDEFG
HIJKLMN
OPQRSTU
VWXYZ**

alfabēts

alfabeti

hello

vārds

fjalё

teksts

tekst

lasīt

lexoj

krīts

shkumës

mācību stunda

mësim

žurnāls

regjistër

eksāmens

provim

liecība

çertifikatë

skolas forma

uniformë shkolle

izglītība

arsimim

enciklopēdija

enciklopedia

universitāte

universitet

mikroskops

mikroskop

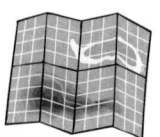

karte

hartë

papīrgrozs

kosh letrash

4

ceļojums
udhëtim

viesnīca
hotel
Grand
hostelis
bujtinë
ROOMS
EXCHANGE
valūtas maiņas punkts
pikë këmbimi valutor
čemodāns
valixhe
automašīna
makinë

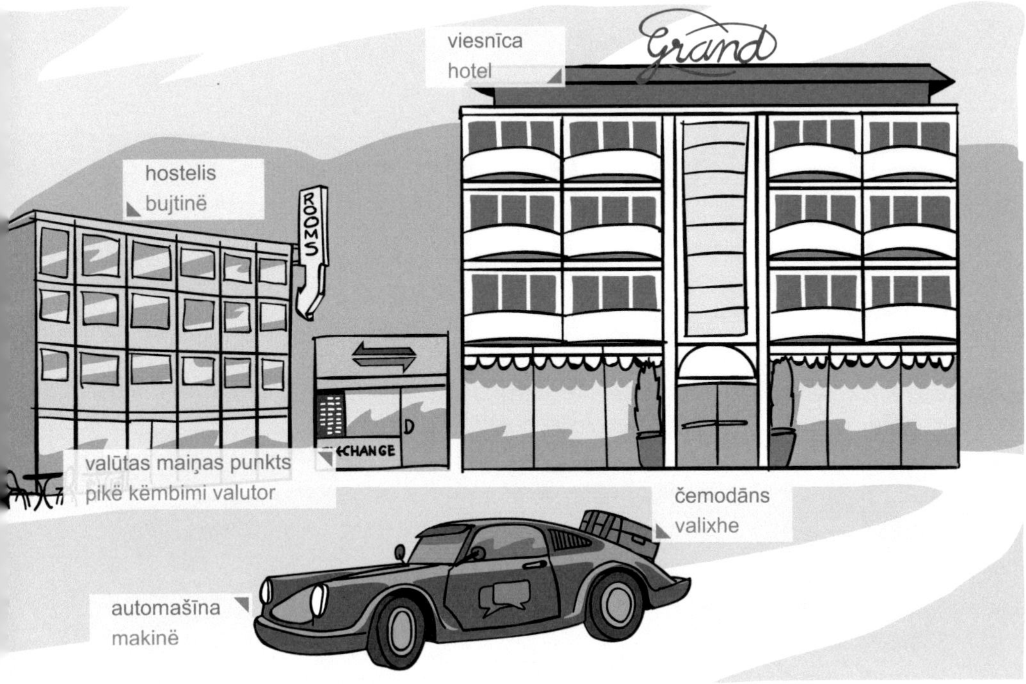

Valoda

gjuhë

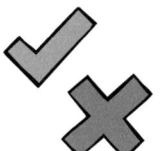

jā / nē

po / jo

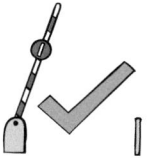

Okay

Në rregull

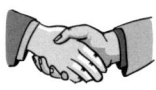

Sveiki!

ç'kemi

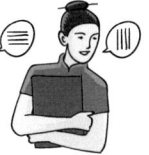

tulks

përkthyes

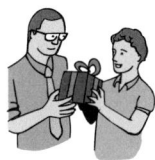

paldies

Faleminderit

Cik maksā...?

sa kushton...?

Es nesaprotu

nuk e kuptoj

problēma

problem

Labvakar!

Mirëmbrëma!

Labrīt!

Mirëmëngjes!

Ar labu nakti!

Natën e mirë!

Uz redzēšanos

mirupafshim

virziens

drejtim

bagāža

bagazhet

soma

çantë

mugursoma

çantë shpine

viesis

mysafir

istaba

dhomë

guļammaiss

thes gjumi

telts

tendë

tūrisma informācija

informacion për turistët

pludmale

plazh

kredītkarte

kartë krediti

brokastis

mëngjes

pusdienas

drekë

vakariņas

darkë

biļete

Biletë

lifts

ashensor

pastmarka

pulla

robeža

kufi

muita

doganë

vēstniecība

ambasadë

vīza

vizë

pase

pasaportë

transports
transport

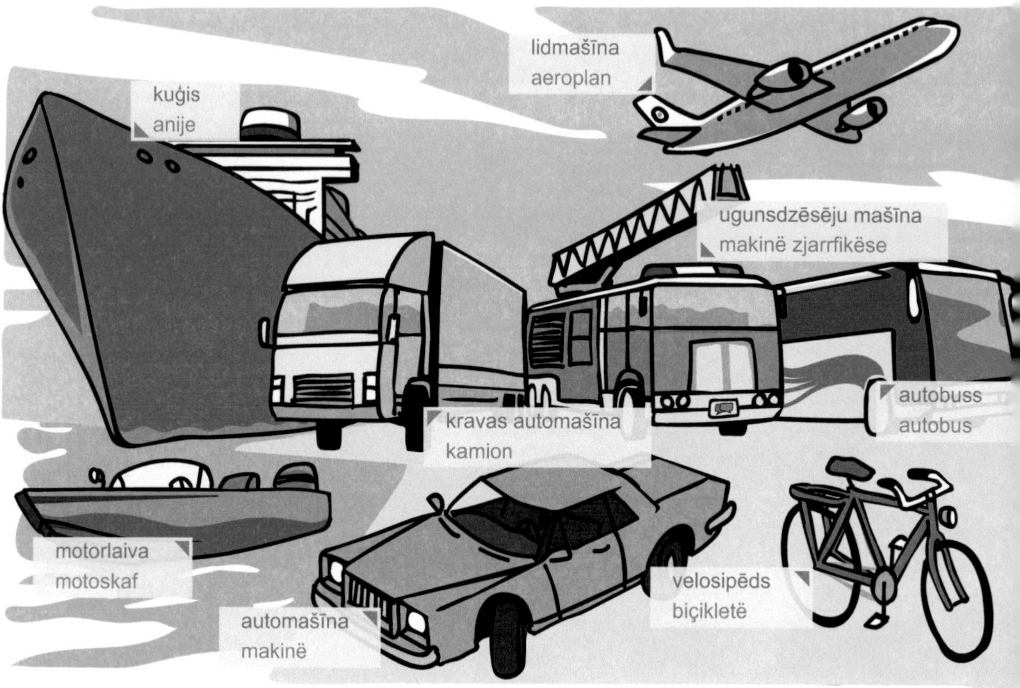
lidmašīna
aeroplan
kuģis
anije
ugunsdzēsēju mašīna
makinë zjarrfikëse
kravas automašīna
kamion
autobuss
autobus
motorlaiva
motoskaf
velosipēds
biçikletë
automašīna
makinë

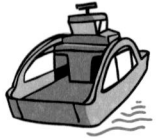

prāmis

traget

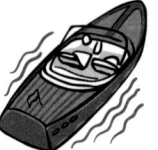

laiva

varkë

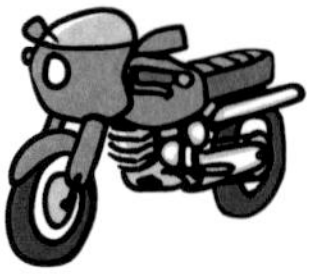

motocikls

motoçikletë

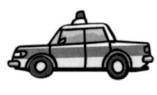

policijas automašīna

makinë policie

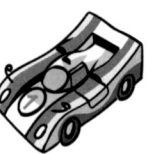

sacīkšu automobilis

makinë garash

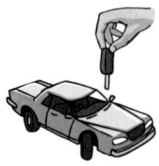

nomas auto

makinë me qira

auto koplietošana

darje e qirasë së makinës

evakuators

karroatrec

atkritumu mašīna

makinë plehrash

dzinējs

motor

benzīns

benzinë

degvielas uzpildes stacija

pikë karburanti

ceļa zīme

sinjalistikë trafiku

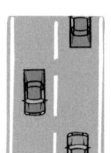

satiksme

trafik

sastrēgums

bllokim trafiku

stāvvieta

parkim makinash

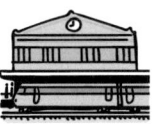

dzelzceļa stacija

stacion treni

sliedes

trase

vilciens

tren

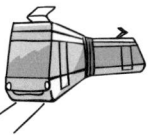

tramvajs

tramvaj

vagons

karro

helikopters

helikopter

lidosta

aeroport

tornis

kullë

pasažieris

pasagjer

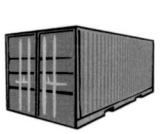

konteiners

kontenier

kaste

kuti kartoni

ratiņi

qerre

grozs

shportë

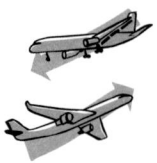

pacelties / nosēsties

ngrihem / ulem

pilsēta

qytet

ciems

fshat

pilsētas centrs

qendra e qytetit

māja

shtëpi

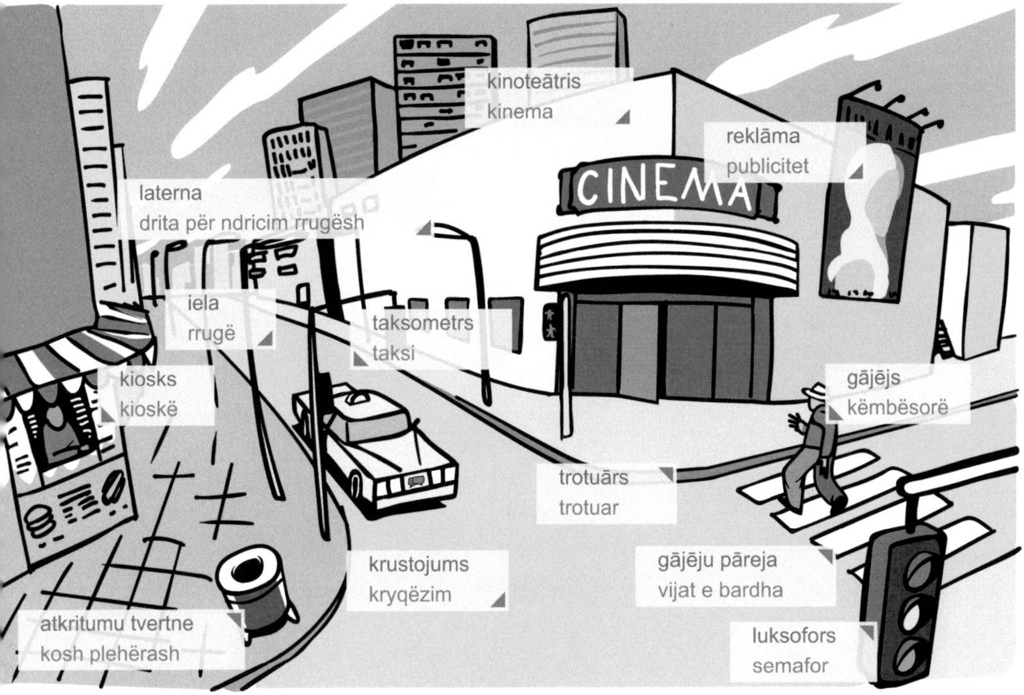

kinoteātris
kinema

reklāma
publicitet

laterna
drita për ndricim rrugësh

iela
rrugë

taksometrs
taksi

CINEMA

gājējs
këmbësorë

kiosks
kioskë

trotuārs
trotuar

krustojums
kryqëzim

gājēju pāreja
vijat e bardha

atkritumu tvertne
kosh plehërash

luksofors
semafor

būda
kasolle

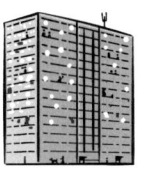

dzīvoklis
apartament

dzelzceļa stacija
stacion treni

rātsnams
bashki

muzejs
muze

skola
shkolla

universitāte

universitet

banka

bankë

slimnīca

spital

viesnīca

hotel

aptieka

farmaci

birojs

zyrë

grāmatnīca

librari

veikals

dyqan

ziedu veikals

dyqan lulesh

lielveikals

supermarket

tirgus

market

tirdzniecības centrs

mapo

zivju tirgotājs

dyqan peshku

tirdzniecības centrs

qëndër tregtare

osta

port

parks

park

sols

stol

tilts

urë

kāpnes

shkallë

metro

metro

tunelis

tunel

autobusa pieturvieta

stacion autobuzi

bārs

bar

restorāns

restorant

pastkastīte

kuti postare

ielas nosaukuma plāksne

sinjalistikë rrugore

stāvlaika skaitītājs

kohëmatës parkimi

zooloģiskais dārzs

kopsht zoologjik

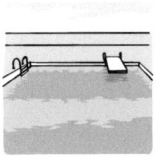

peldbaseins

pishinë

mošeja

xhami

zemnieku saimniecība

fermë

vides piesārņojums

ndotje

kapsēta

varrezë

baznīca

kishë

spēļu laukums

shesh lojërash

templis

tempull

ainava
peisazh

lapa
gjethe

ceļrādis
tabela orientuese

ceļš
rrugë

pļava
livadh

akmens
gurë

koks
pemë

ceļotājs
ekskursionist

upe
lumë

zāle
bar

puķe
lule

ieleja

luginë

kalns

kodër

ezers

liqen

mežs

pyll

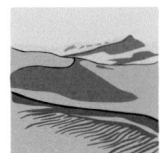

tuksnesis

shkretëtirë

vulkāns

vullkan

pils

kështjellë

varavīksne

ylber

sēne

kepudhë

palma

palmë

moskīts

mushkonjë

muša

mizë

skudra

milingonë

bite

bletë

zirneklis

merimangë

vabole

brumbull

varde

bretkosë

vāvere

ketër

ezis

iriq

zaķis

lepur

pūce

buf

putns

zog

gulbis

mjellmë

meža cūka

derr i egër

briedis

dre

alnis

dre brilopatë

aizsprosts

digë

vēja ģenerators

turbinë ere

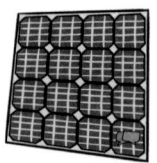

saules baterija

panel diellor

klimats

klimë

restorāns
restorant

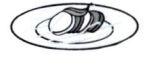

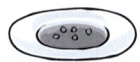

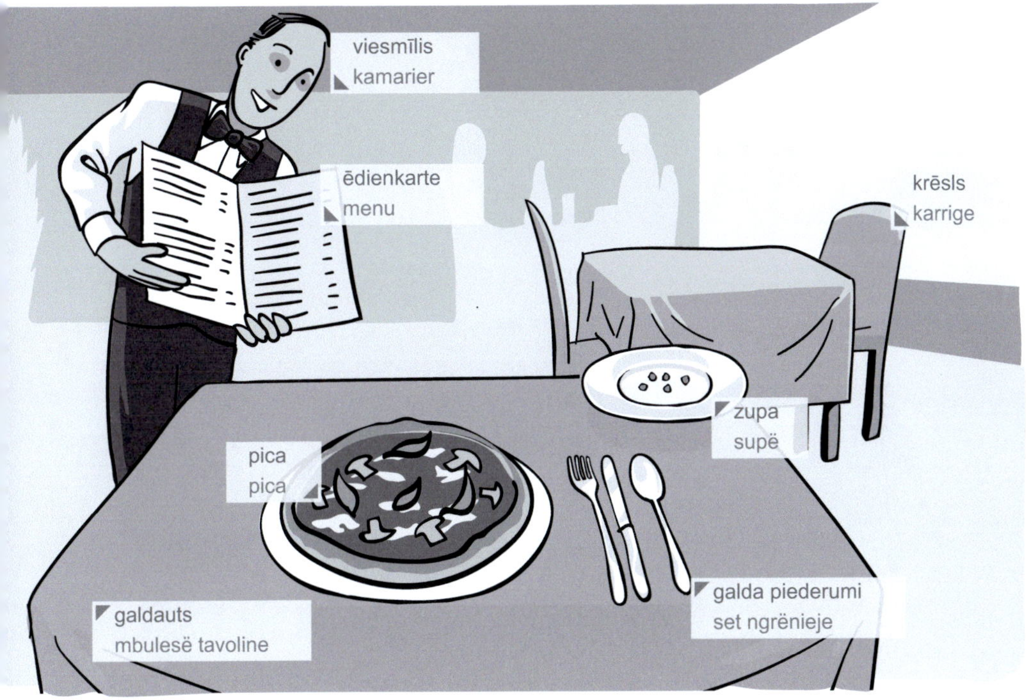

viesmīlis
kamarier
ēdienkarte
menu
krēsls
karrige
zupa
supë
pica
pica
galda piederumi
set ngrënieje
galdauts
mbulesë tavoline

uzkoda
pjatë e parë

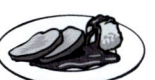

pamatēdiens
pjatë kryesore

deserts
ëmbëlsirë

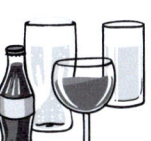

dzērieni
pije

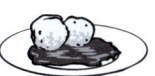

ēdiens
ushqim

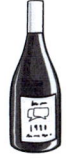

pudele
shishe

ātrās uzkodas

ushqim i shpejtë

ielu uzkodas

ushqim i shërbyer në rrugë

tējkanna

ibrik çaji

cukurtrauks

kuti sheqeri

porcija

racion

espresso kafijas automāts

makinë kafeje ekspres

bāra krēsls

karrige e lartë

rēķins

faturë

paplāte

tabaka

nazis

thika

dakša

pirun

karote

lugë

tējkarote

lugë çaji

salvete

pecetë

glāze

gotë

restorāns - restorant

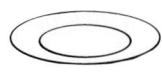

šķīvis
pjatë

zupas šķīvis
pjatë supe

apakštase
pjatë filxhani

mērce
salcë

sāls trauciņš
mbajtëse kripe

piparu dzirnaviņas
mulli piperi

etiķis
uthull

eļļa
vaj

garšvielas
erëza

kečups
keçap

sinepes
mustardë

majonēze
majonezë

lielveikals

supermarket

piedāvājums
ofertë speciale
FOR
klients
klient
piena produkti
produkte bulmeti
augļi
frut
iepirkumu ratiņi
karrocë pazari

BUTCHERS

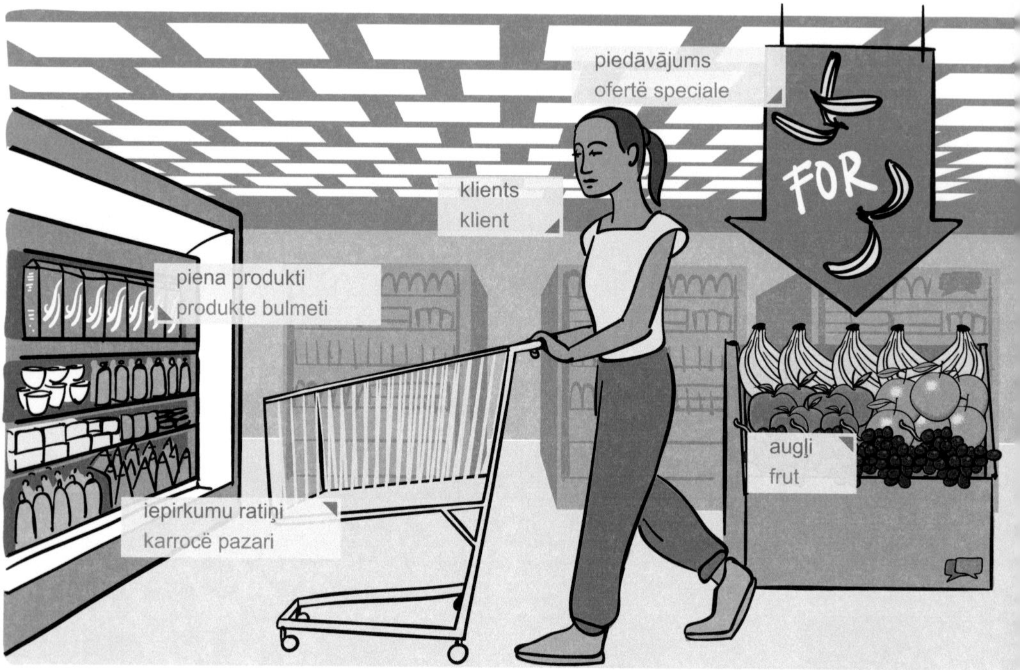

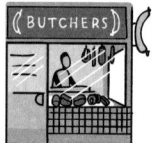

kautuve

dyqan mishi

BAKERY

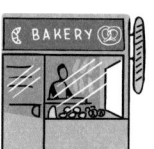

maizes veikals

furrë buke

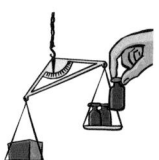

svērt

peshoj

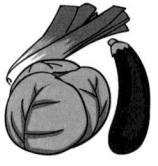

dārzeņi

perime

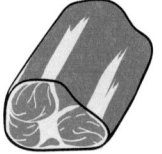

gaļa

mish

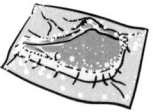

saldēti produkti

ushqim i ngrirë

aukstās gaļas uzkodas

copë

konservi

ushqim i konservuar

pulveris

pluhur larës

saldumi

ëmbëlsirat

mājsaimniecības preces

prodhime shtëpie

tīrīšanas līdzeklis

produkte pastrimi

pārdevēja

shitëse

kase

kasë fiskale

kasieris

arkëtar

iepirkumu saraksts

listë blerjeje

darba laiks

oraret e punës

maks

portofol

kredītkarte

kartë krediti

soma

çantë

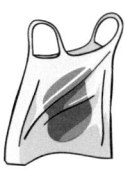

maisiņš

qese plastike

ūdens
ujë

sula
lëng frutash

piens
qumësht

kola
koka-kola

vīns
verë

alus
birrë

alkohols
alkool

kakao
kakao

tēja
çaj

kafija
kafe

espresso
kafe ekspres

kapučīno
kapuçino

banāns
banane

ābols
mollë

apelsīns
portokalle

melone
pjepër

citrons
limon

burkāns
karrotë

ķiploks
hudhër

bambuss
bambu

sīpols
qepë

sēne
kërpudha

rieksti
arra

makaroni
makarona

spageti

spageti

rīsi

oriz

salāti

sallatë

frī kartupeļi

patate të skuqura

cepti kartupeļi

patate të skuqura

pica

pica

hamburgers

hamburger

sviestmaize

sanduiç

šnicele

shnicel

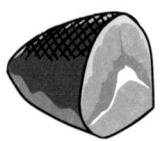

šķiņķis

proshutë

salami

sallam

desa

salçiçe

vista

pulë

cepetis

skuq

zivs

peshk

auzu pārslas

tërshërë

muslis

drithëra

brokastu pārslas

kornfleiks

milti

miell

radziņš

kruasant

brokastu maizītes

panine

maize

bukë

tostermaize

tost

cepumi

biskotë

sviests

gjalp

biezpiens

gjizë

kūka

tortë

ola

vezë

cepta ola

vezë sy

siers

djathë

saldējums

akullore

cukurs

sheqer

medus

mjaltë

marmelāde

marmaladë

riekstu krēms

çokokrem

karijs

këri

zemnieku saimniecība

fermë

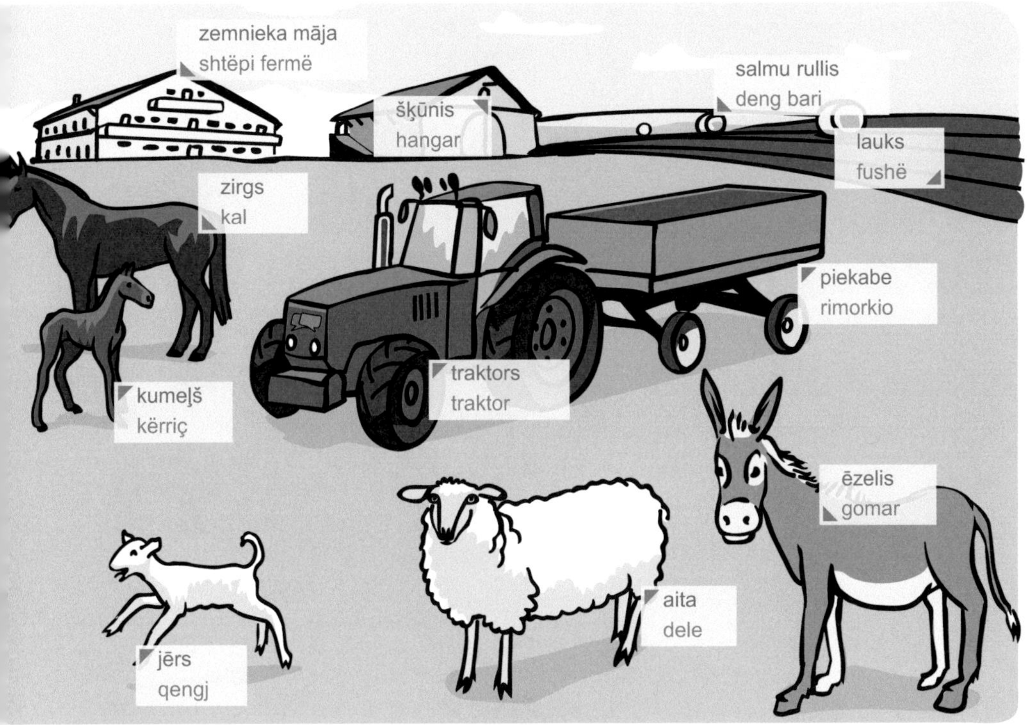
zemnieka māja
shtëpi fermë
šķūnis
hangar
salmu rullis
deng bari
lauks
fushë
zirgs
kal
piekabe
rimorkio
traktors
traktor
kumeļš
kërriç
ēzelis
gomar
aita
dele
jērs
qengj

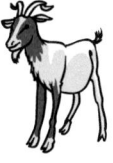

kaza

dhi

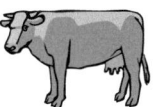

govs

lopë

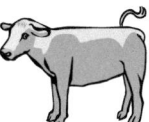

teļš

viç

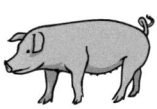

cūka

derr

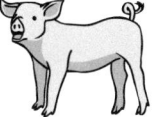

sivēns

derrkuc

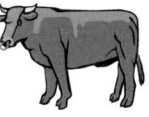

bullis

dem

zoss

patë

pīle

rosë

cālis

zog pule

vista

pulë

gailis

gjel

žurka

mi

kaķis

mace

pele

mi

vērsis

buall

suns

qen

suņa būda

kolibe qeni

dārza šļūtene

zorrë vaditëse

lejkanna

vaditëse

izkapts

kosë

arkls

plug

sirpis

drapër

kaplis

shat

mēslu dakša

kosa

cirvis

sëpatë

ķerra

karrocë

sile

govatë

piena kanna

bidon qumështi

maiss

thes

žogs

gardh

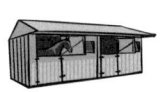

kūts

ahur

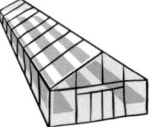

siltumnīca

serë

augsne

dhe

sēklas

farë

mēslojums

pleh

kombains

autokombanjë

novākt ražu

korr

raža

te korrat

jamss

patate e ëmbël "Yam"

kvieši

grurë

soja

soja

kartupelis

patate

kukurūza

misër

rapsis

raps

augļu koks

pemë frutore

manioka

zhardhok manioku

labība

drithëra

māja

shtëpi

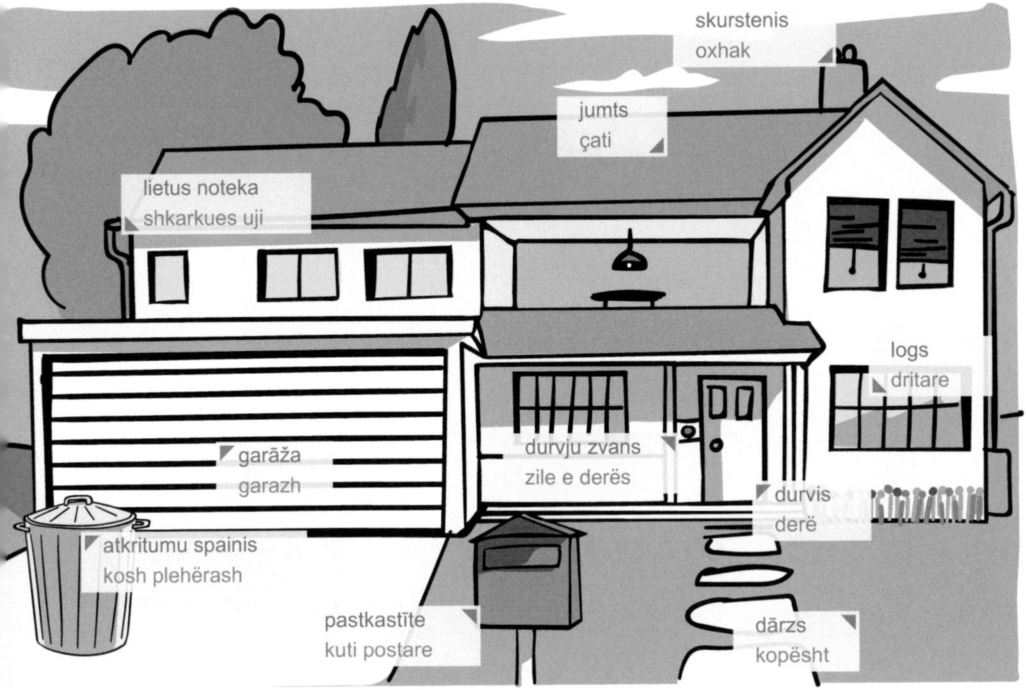

skurstenis
oxhak
jumts
çati
lietus noteka
shkarkues uji
logs
dritare
garāža
garazh
durvju zvans
zile e derës
durvis
derë
atkritumu spainis
kosh plehërash
pastkastīte
kuti postare
dārzs
kopësht

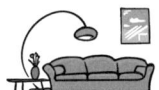

viesistaba

dhomë ndenjeje

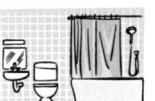

vannas istaba

tualet

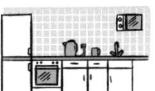

virtuve

kuzhinë

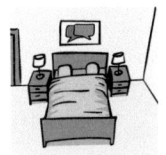

guļamistaba

dhomë gjumi

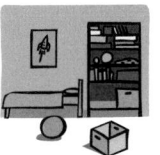

bērnu istaba

dhomë fëmijësh

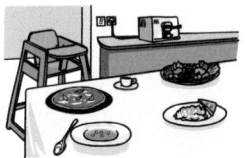

ēdamistaba

dhomë ngrënieje

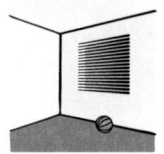

grīda

dysheme

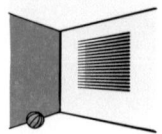

siena

mur

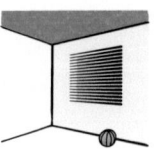

griesti

tavan

pagrabs

bodrum

sauna

sauna

balkons

ballkon

terase

tarracë

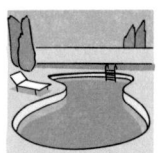

baseins

pishinë

zāles pļāvējs

kositëse bari

gultas veļa

çarçaf

sega

kuvertë

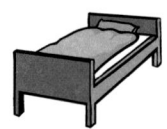

gulta

krevat

slota

fshesë dore

spainis

kovë

slēdzis

çelës

viesistaba
dhomë ndenjeje

tapetes
tapiceri
attēls
fotografi
lampa
llambë
plaukts
raft
skapis
dollap
televizors
pajisje televizive
kamīns
vatër
puķe
lule
spilvens
jastëk
dīvāns
divan
vāze
vazo
tālvadības pults
telekomandë

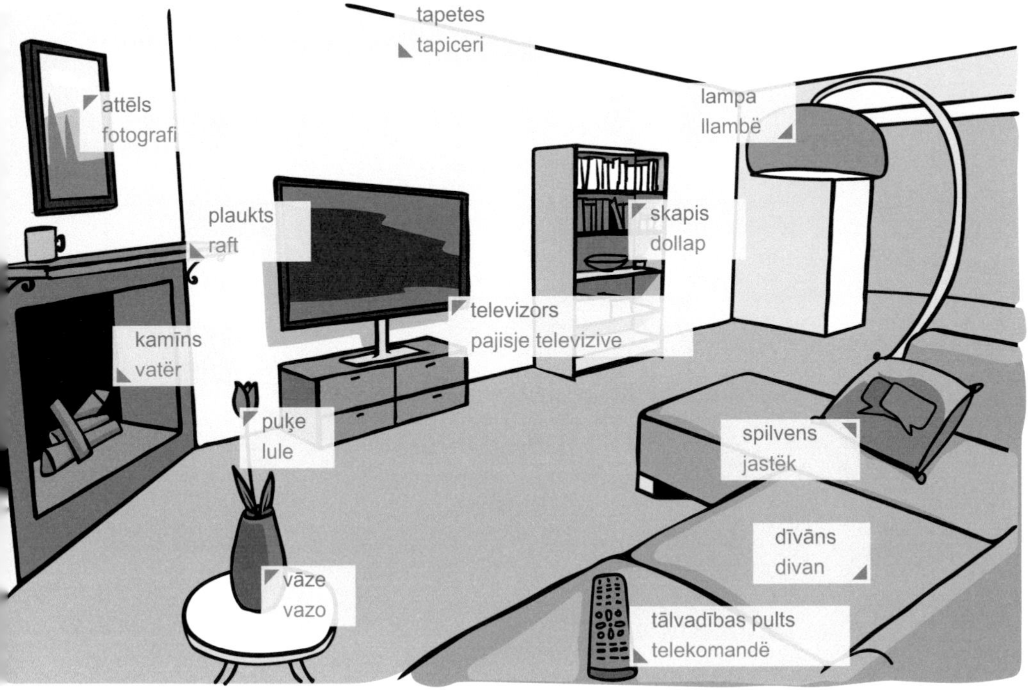

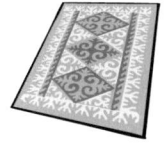

paklājs

qilim

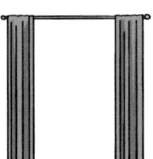

aizkars

perde

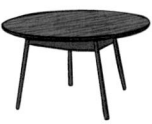

galds

tavolinë

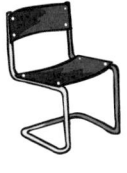

krēsls

karrige

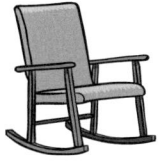

šūpuļkrēsls

karrige lëkundëse

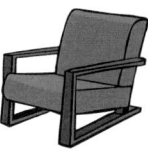

atpūtas krēsls

kolltuk

grāmata

libri

sega

batanije

dekorācija

zbukurime

malka

dru zjarri

filma

film

mūzikas centrs

stereo

atslēga

çelës

avīze

gazetë

glezna

pikturë

plakāts

afishe

radio

radio

pierakstu blociņš

bllok shënimesh

putekļu sūcējs

fshesë me korent

kaktuss

kaktus

svece

qiri

virtuve
kuzhinë

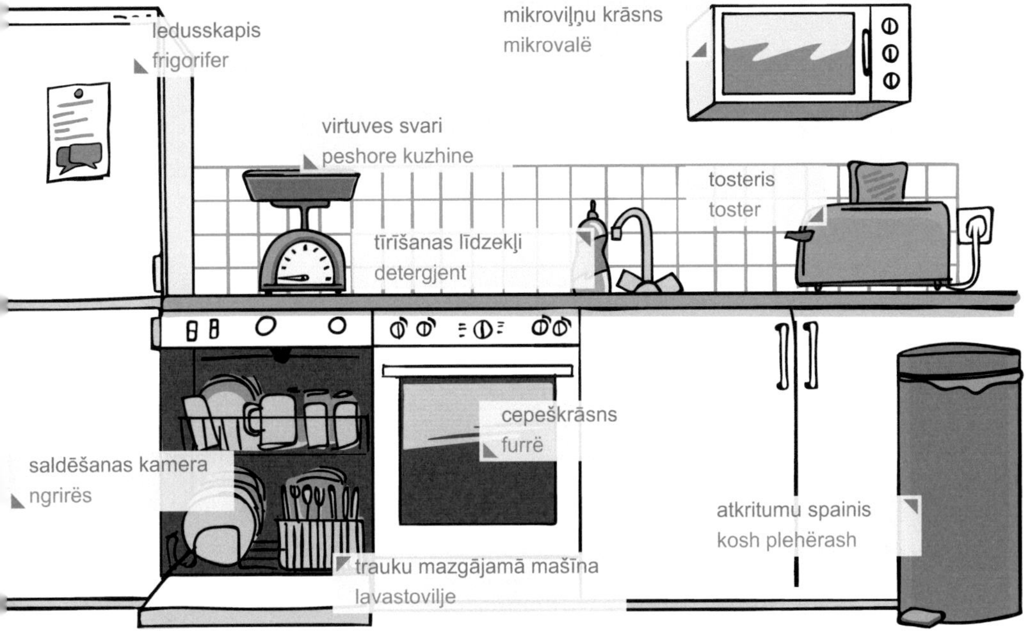
ledusskapis
frigorifer
mikroviļņu krāsns
mikrovalë
virtuves svari
peshore kuzhine
tosteris
toster
tīrīšanas līdzekļi
detergjent
cepeškrāsns
furrë
saldēšanas kamera
ngrirës
atkritumu spainis
kosh plehërash
trauku mazgājamā mašīna
lavastovilje

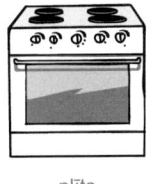

plīts
sobë

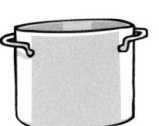

pods
tenxhere

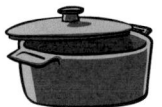

katls
tenxhere me kapak

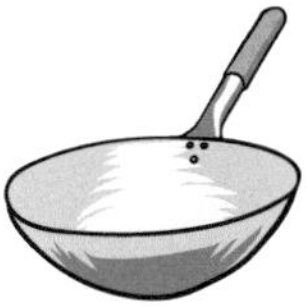

Wok panna
tigan special (Wok)

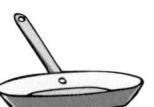

panna
tigan

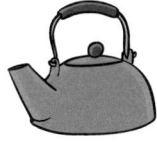

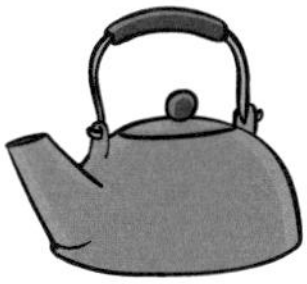

elektriskā tējkanna
çajnik

tvaika katls

tenxhere me avull

cepešpanna

tavë pjekjeje

trauki

enë

krūze

filxhan

bļoda

tas

irbulīši

shkopinj

kauss

garuzhde

lāpstiņa

spatul

putošanas slotiņa

tel kuzhine

sietiņš

kulluese

siets

sitë

rīve

rende

piesta

havan

grilēt

skarë

atklāts pavards

zjarr

dēlis

dërrasë për prerje

mīklas rullis

okllai

korķu viļķis

heqëse tapash

bundža

kanaçe

konservu nazis

hapëse kanaçeje

virtuves cimdi

rrobë për të kapur
tenxheren

izlietne

lavaman

birste

furçë

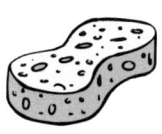

sūklis

sfungjer

mikseris

përzjerës

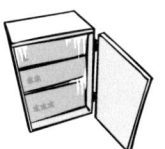

saldētava

ngrirës

bērna pudelīte

biberon për lëngje

ūdenskrāns

rubinet

vannas istaba

tualet

apkure
ngrohje
dvielis
peshqirë
duša
dush
dušas aizkari
perde dushi
vannas putas
vaskë me shkumë
vanna
vaskë
veļas mašīna
lavatriçe
glāze
gotë
ūdenskrāns
rubinet
flīzes
pllaka
podiņš
oturak
izlietne
lavaman

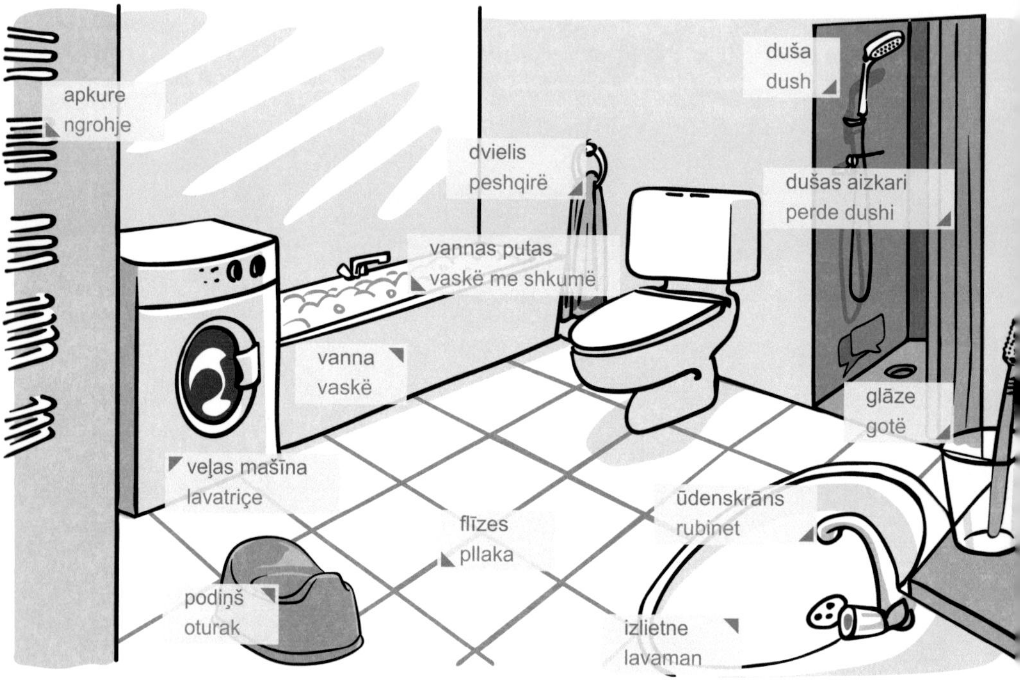

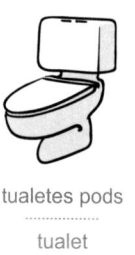

tualetes pods
tualet

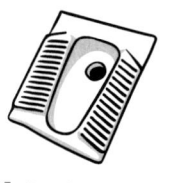

Āzijas tipa tualete
WC e sheshtë

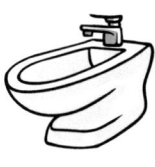

bidē
bide

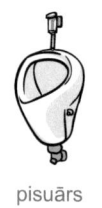

pisuārs
tualet publik

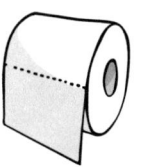

tualetes papīs
letër higjienike

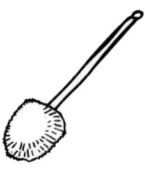

tualetes birste
furçe për WC

zobu birste

furçë dhëmbësh

zobu pasta

pastë dhëmbësh

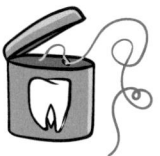

zobu diegs

fije dentare

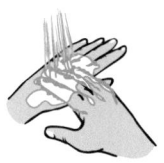

mazgāt

laj

rokas duša

dorezë dushi

duša

larës për zonën intime

bļoda

legen

muguras mazgāšanas birste

furçë për masazh shpine

ziepes

sapun

dušas želeja

shampo trupi

šampūns

shampo

mazgāšanas drāna

leckë pastruese

noteka

kullues

krēms

krem

dezodorants

antidjersë

spogulis
pasqyrë

spogulītis
pasqyrë dore

skuveklis
brisk rroje

skūšanās putas
shkumë rroje

losjons pēc skūšanās
locion pas rrojes

ķemme
krehër

matu suka
furçë

matu fēns
tharëse flokësh

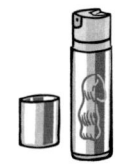

matu laka
llak për flokët

grima komplekts
grim

lūpu krāsa
buzëkuq

nagulaka
manikyr

vate
mbushje pambuku

šķērītes
gёrshёrё pёr thonj

smaržas
parfum

kosmētikas maks

antë për sendet personale

ķeblītis

Stol

svari

peshore

halāts

robëdëshambër

tīrīšanas cimdi

dorashka gome

tampons

tampon

pakete

peceta higjienike

ķīmiskā tualete

tualet I lëvizshëm

bērnu istaba
dhomë fëmijësh

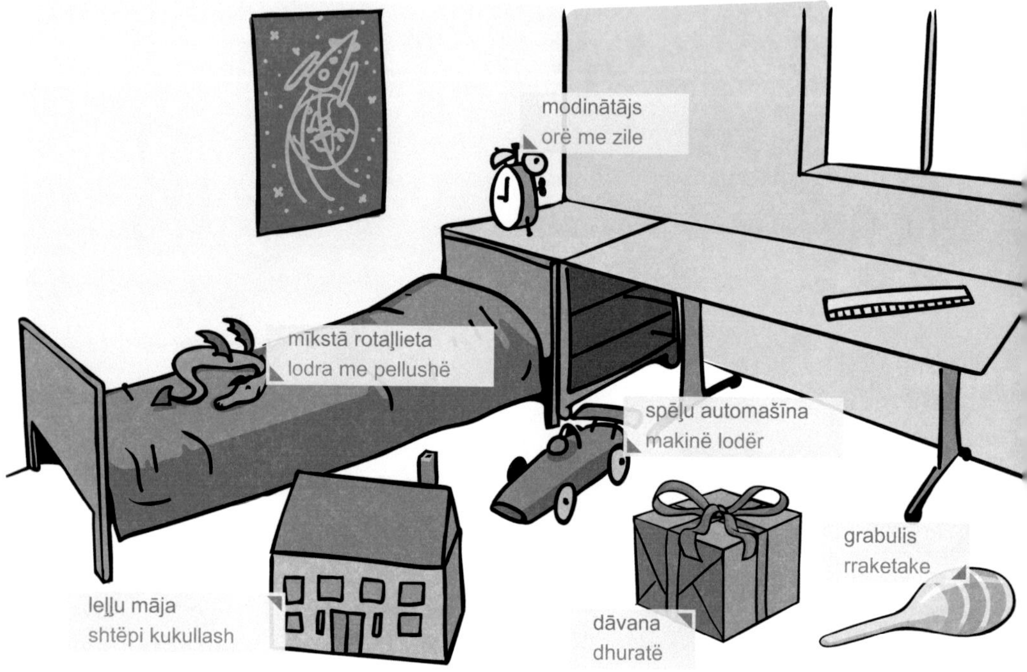
modinātājs
orë me zile
mīkstā rotaļlieta
lodra me pellushë
spēļu automašīna
makinë lodër
grabulis
rraketake
leļļu māja
shtëpi kukullash
dāvana
dhuratë

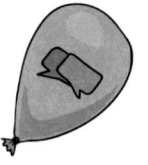

balons

tollumbace

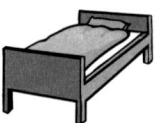

gulta

krevat

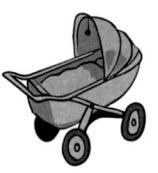

bērnu ratiņi

karrocë fëmijësh

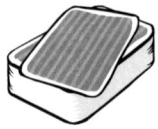

kārtis

lojë me letra

puzle

bashkim pjesësh me figura

SUPER
MEGA

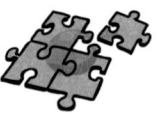

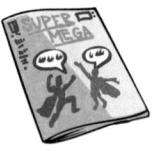

komikss

komik

LEGO klucīši

formuese lodër

klucīši

kuba plastikë

varoņu figūra

lodra

rāpulītis

badi

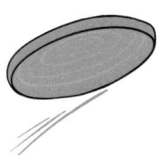

lidojošais šķīvītis

frizbi

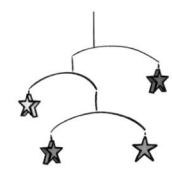

muzikālais karuselis

lodra të varura tek krevati i
fëmijëve

galda spēle

tavolinë lojërash

metamais kauliņš

zare

rotaļu dzelzceļš

model treni

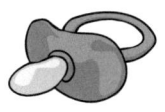

māneklis

biberon

ballīte

festë

bilžu grāmata

libër me ilustrime

bumba

top

lelle

kukull

spēlēt

luaj

smilšu kaste

grumbull rëre

šūpoles

kolovarëse

rotaļlietas

lodra

spēļu konsole

leva për lojra video

trīsritenis

triçikël

plīša lācītis

arush prej pellushi

drēbju skapis

garderobë

īszeķes

çorape

zeķes

çorape të gjata

zeķbikses

geta

šalle
shall

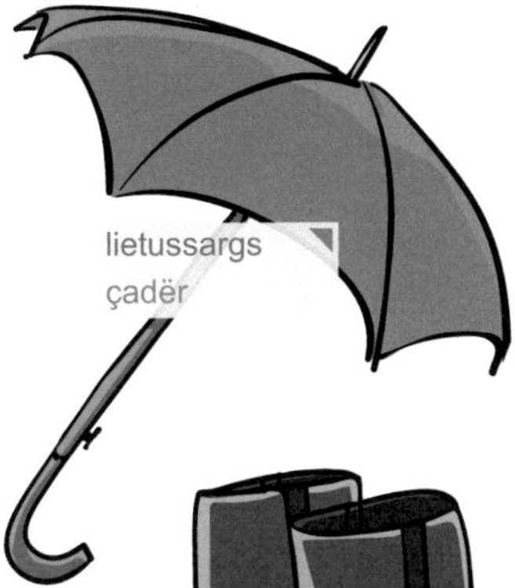

lietussargs
çadër

T-krekls
bluzë pa jakë

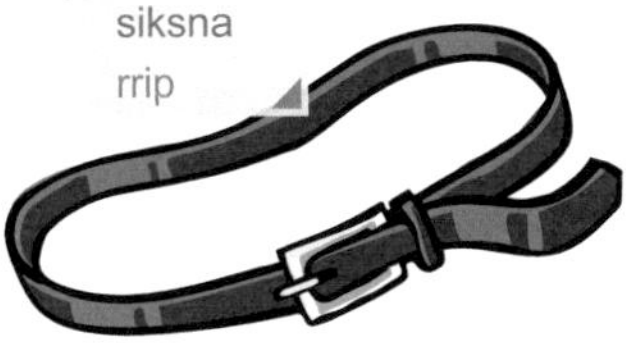

siksna
rrip

zābaks
çizme

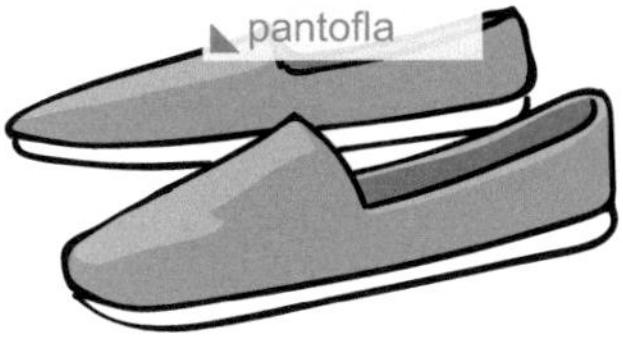

čības
pantofla

botas
atlete

sandales
....
sandale

kurpes
....
këpucë

gumijas zābaki
....
çizme llastiku

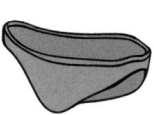

apakšbikses
....
të mbathura

krūšturis
....
reçipeta

apakškrekls
....
kanotierë

apģērbs - veshje

bodijs
trup

bikses
pantallona

džinsi
xhinse

svārki
fund

blūze
bluzë

krekls
këmishë

pulovers
pulovër

džemperis
triko

žakete
xhaketë

jaka
xhaketë

mētelis
pallto

lietus mētelis
mushama shiu

kostīms
kostum

kleita
fustan

kāzu kleita
fustan nusërie

uzvalks

kostum

naktskrekls

këmishë nate

pidžama

pizhama

sari

sari (veshje tradicionale indiane)

lakats

shami koke

turbāns

çallmë

burka

veshje për femrat e besimit musliman

kaftāns

kaftan (lloj veshjeje tradicionale)

abaja

ferexhe

peldkostīms

kostum banje

peldbikses

rroba banje

šorti

pantallona të shkurtra

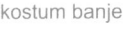

treniņtērps

tuta sporti

priekšauts

përparëse

cimdi

dorashka

poga

kopsë

brilles

syze

rokassprādze

byzylyk

kaklarota

gjerdan

gredzens

unazë

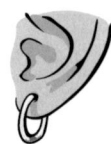

auskars

vath

cepure

kapuç

drēbju pakaramais

varëse për pallto

platmale

kapele

kaklasaite

kravatë

rāvējslēdzējs

zinxhir

ķivere

helmetë

bikšturi

tiranda

skolas forma

uniformë shkolle

uniforma

uniformë

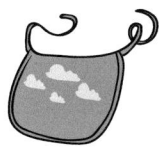

priekšautiņš

gushore

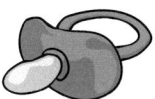

māneklis

biberon

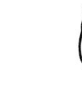

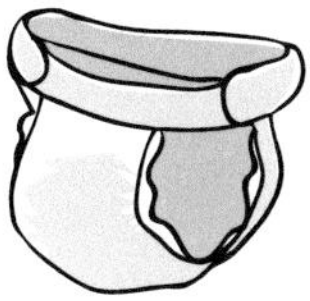

autiņbiksītes

pelenë

birojs

zyrë

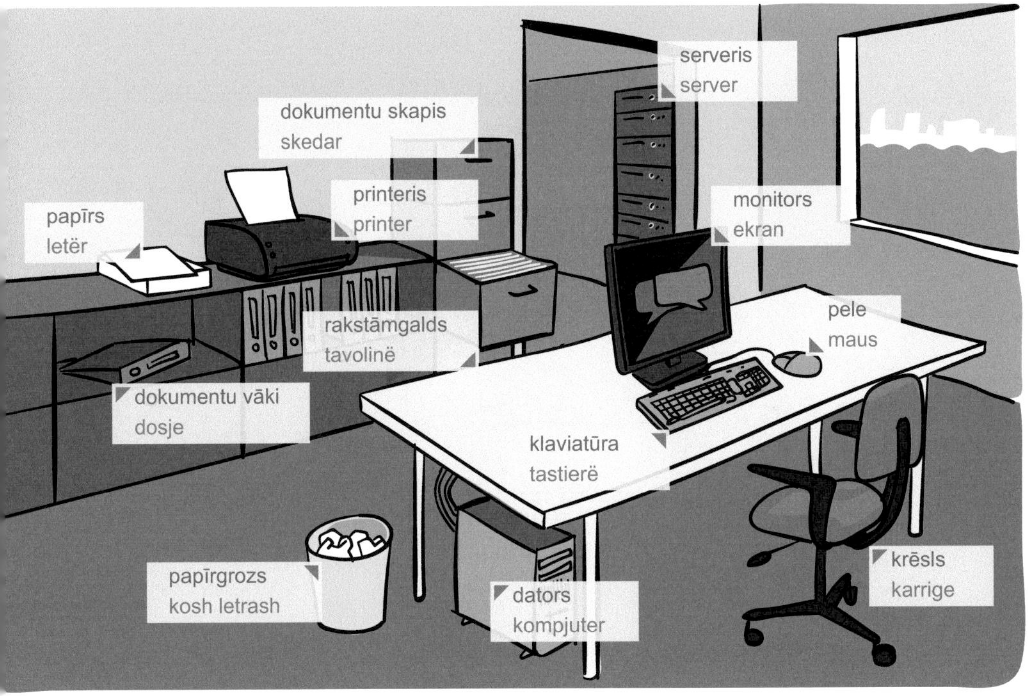
serveris
server
dokumentu skapis
skedar
printeris
printer
papīrs
letër
monitors
ekran
rakstāmgalds
tavolinë
pele
maus
dokumentu vāki
dosje
klaviatūra
tastierë
papīrgrozs
kosh letrash
dators
kompjuter
krēsls
karrige

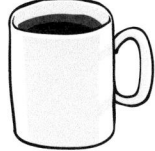

kafijas krūze

filxhan kafeje

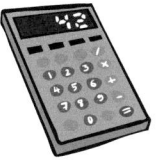

kalkulators

makinë llogaritëse

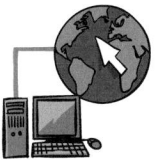

internets

internet

portatīvais dators

kompjuter portativ

vēstule

letër

ziņa

mesazh

mobilais tālrunis

telefon

tīkls

rrjet

kopētājs

fotokopje

programmatūra

program

telefons

telefon

rozete

prizë

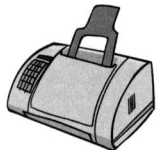

faksa aparāts

pajisje faksi

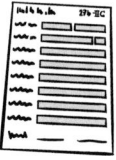

formulārs

formular

dokuments

dokument

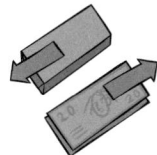

pirkt

blej

samaksāt

paguaj

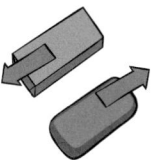

tirgot

tregtoj

nauda

para

dolārs

dollar

eiro

euro

jēna

jen

rublis

rubla

franks

franga zvicerane

juaņa renminbi

juani kinez

rūpija

rupje

bankomāts

bankomat

valūtas maiņas punkts

pikë këmbimi valutor

zelts

ar

sudrabs

argjend

nafta

nafta

enerģija

energji

cena

çmim

līgums

kontratë

nodoklis

taksë

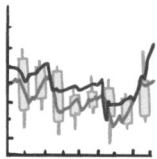

akcija

aksione

strādāt

punoj

darbinieks

punonjës

darba devējs

punëdhënës

fabrika

fabrikë

veikals

dyqan

profesijas
profesionet

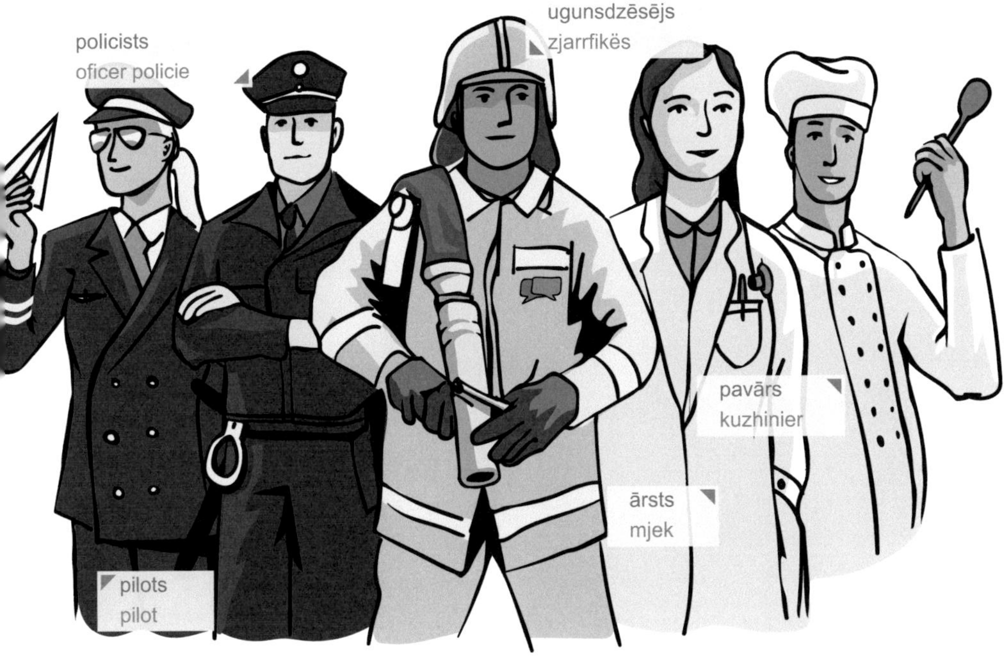
ugunsdzēsējs
zjarrfikës
policists
oficer policie
pavārs
kuzhinier
ārsts
mjek
pilots
pilot

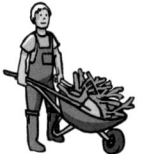

dārznieks
kopshtar

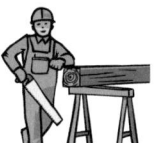

galdnieks
marangoz

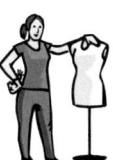

šuvēja
rrobaqepëse

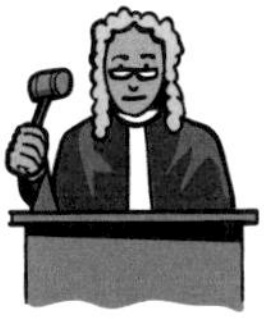

tiesnesis
gjykatës

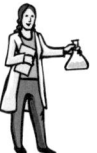

ķīmiķis
kimist

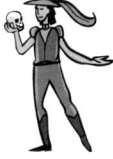

aktieris
aktor

autobusa vadītājs

shofer autobuzi

taksometra vadītājs

taksist

zvejnieks

peshkatar

apkopēja

pastruese

jumiķis

riparues çatish

viesmīlis

kamarier

mednieks

gjuetar

gleznotājs

piktor

maiznieks

furrxhi

elektriķis

elektriçist

celtnieks

ndërtues

inženieris

inxhinier

miesnieks

kasap

skārdnieks

hidraulik

pastnieks

postieri

profesijas - profesionet

karavīrs

ushtar

arhitekts

arkitekt

kasieris

arkëtar

florists

luleshitës

frizieris

berber

konduktors

kontrollor

mehāniķis

mekanik

kapteinis

kapiten

zobārsts

dentist

zinātnieks

shkencëtar

rabīns

rabin

imāms

imam

mūks

murg

mācītājs

klerik

instrumenti
mjete

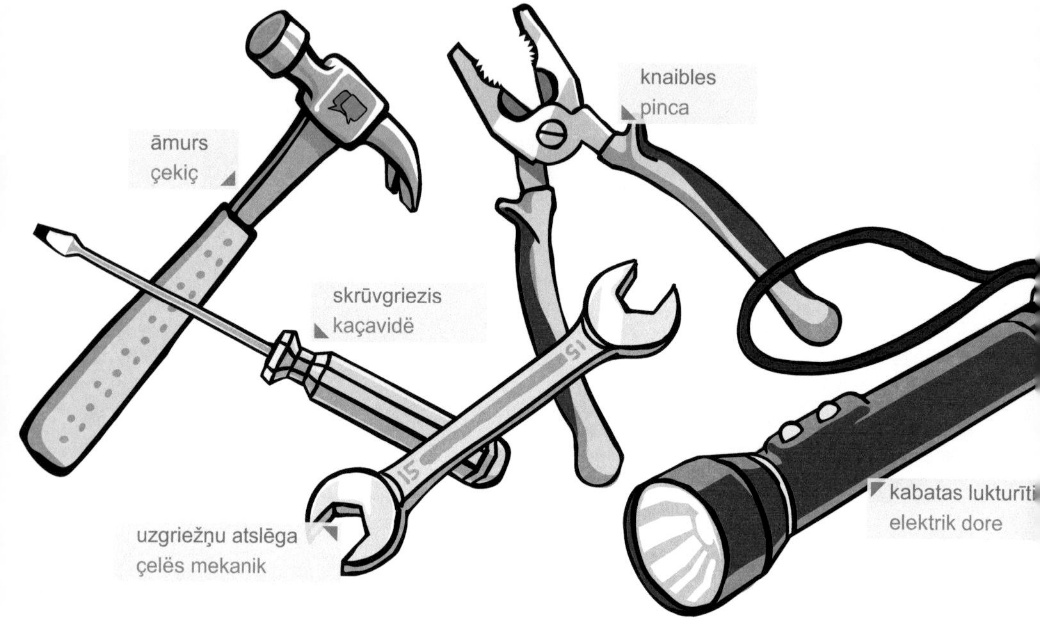

āmurs
çekiç
knaibles
pinca
skrūvgriezis
kaçavidë
uzgriežņu atslēga
çelës mekanik
kabatas lukturīti
elektrik dore

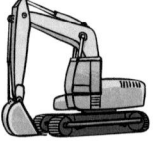

ekskavators

ekskavator

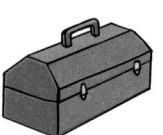

instrumentu kaste

kuti veglash

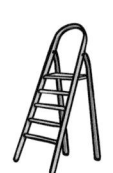

kāpnes

shkallë

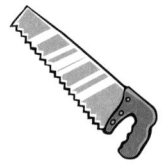

zāģis

sharrë

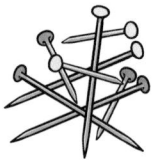

naglas

gozhdë

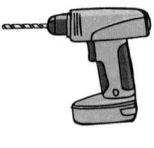

urbis

trapan

remontēt

riparoj

lāpsta

lopatë

Velns!

Dreq!

liekšķere

kaci

krāsas bundža

kuti boje

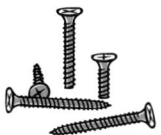

skrūves

vidhë

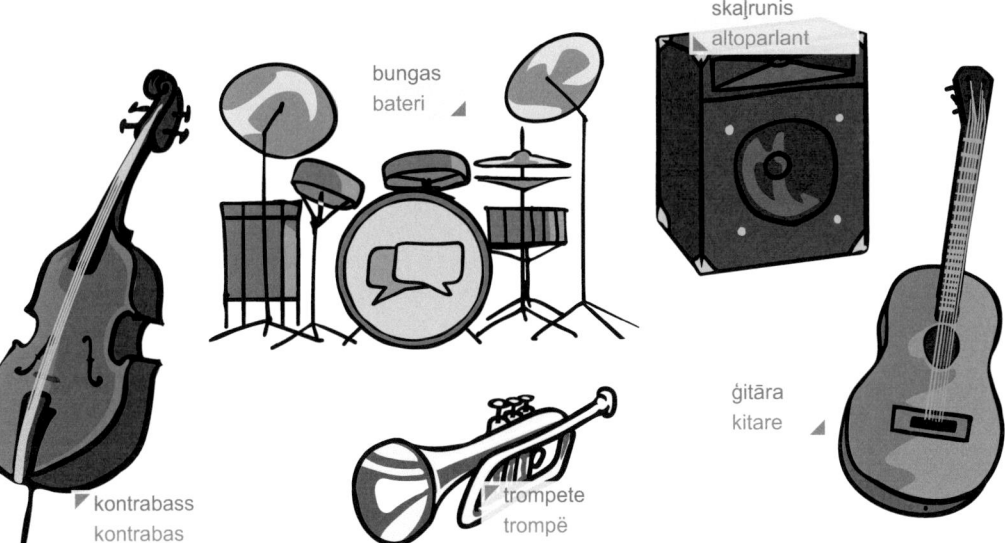

skaļrunis
altoparlant

bungas
bateri

ģitāra
kitare

kontrabass
kontrabas

trompete
trompë

klavieres

piano

vijole

violinë

bass

bas

timpāni

tamburë

bungas

daulle

digitālās klavieres

tastierë pianoje

saksofons

saksofon

flauta

flaut

mikrofons

mikrofon

zooloģiskais dārzs
kopsht zoologjik

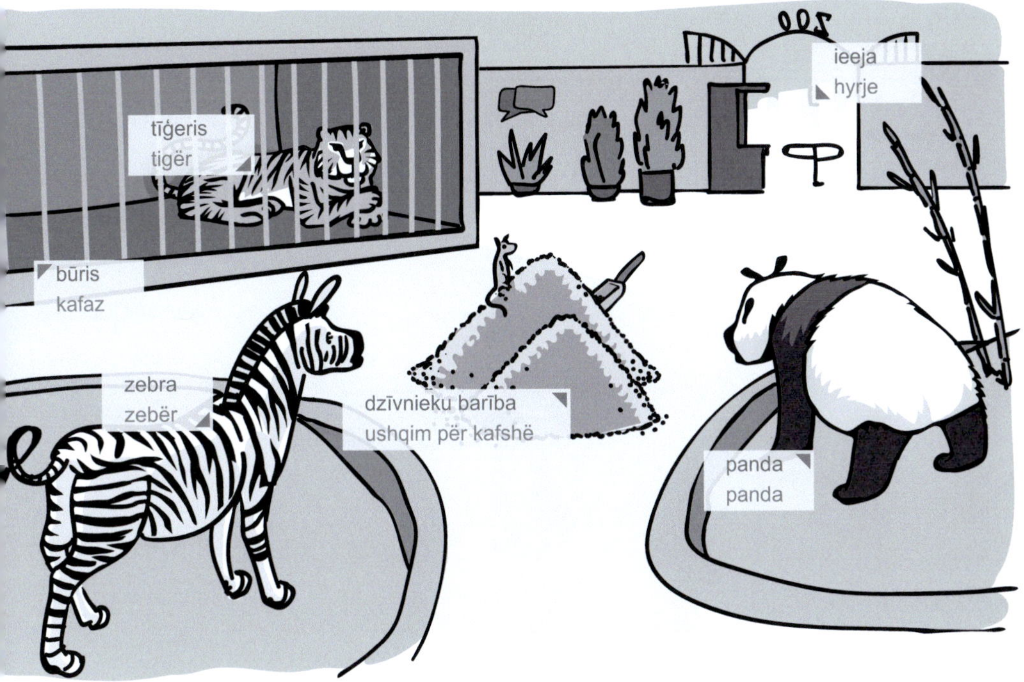
ieeja
hyrje
tīģeris
tigër
būris
kafaz
zebra
zebër
dzīvnieku barība
ushqim për kafshë
panda
panda

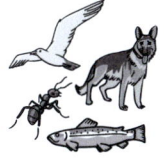

dzīvnieki

kafshë

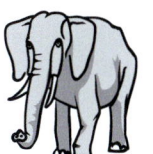

zilonis

elefant

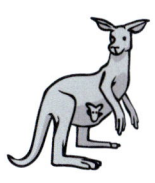

ķengurs

kangur

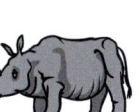

degunradzis

rinoceront

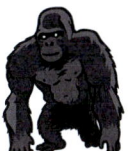

gorilla

gorillë

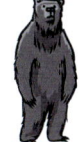

lācis

ari

kamielis

deve

strauss

struc

lauva

luan

pērtiķis

majmun

flamings

flamingo

papagailis

papagall

polārlācis

ari polar

pingvīns

pinguin

haizivs

peshkaqen

pāvs

pallua

čūska

gjarpër

krokodils

krokodil

zoodārza sargs

punonjës i kopshtit zoologjik

ronis

fokë

jaguārs

xhaguar

ponijs

poni

leopards

leopard

nīlzirgs

hipopotam

žirafe

gjirafë

ērglis

shqiponjë

meža cūka

derr i egër

zivs

peshk

bruņurupucis

breshkë

valzirgs

lopë deti

lapsa

dhelpër

gazele

gazelë

sportet

amerikāņu futbols
futboll amerikan

riteņbraukšana
çiklizëm

teniss
tenis

basketbols
basketboll

peldēšana
not

bokss
boks

hokejs
hokej mbi akull

futbols	badmintons	vieglatlētika
futboll	badminton	atletikë
rokas bumba	slēpošana	polo
hendboll	ski	polo

smieties
qesh

lēkt
hidhem

apskaut
përqafoj

iet
eci

dziedāt
këndoj

sapņot
ëndërroj

lūgt
lutem

skūpstīt
puth

rakstīt
shkruaj

zīmēt
vizatoj

rādīt
tregoj

spiest
shtyj

dot
jap

ņemt
marr

būt
kam

darīt
bëj

būt
jam

stāvēt
qëndroj

skriet
vrapoj

vilkt
tërheq

mest
hedh

krist
bie

gulēt
shtrihem

gaidīt
pres

nest
mbaj

sēdēt
ulem

uzģērbt
vishem

gulēt
fle

pamosties
zgjohem

skatīties

shikoj

raudāt

qaj

glāstīt

përkëdhel

ķemmēt

kreh

runāt

bisedoj

saprast

kuptoj

jautāt

kërkoj

dzirdēt

dëgjoj

dzert

pi

ēst

ha

sakārtot

sistemoj

mīlēt

dashuroj

vārīt

gatuaj

braukt

drejtoj makinën

lidot

fluturoj

burot

lundroj

rēķināt

llogaris

lasīt

lexoj

mācīties

mësoj

strādāt

punoj

precēties

martohem

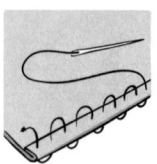

šūt

qep

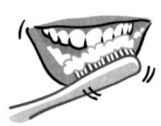

tīrīt zobus

laj dhëmbët

nogalināt

vras

smēķēt

tymos

sūtīt

dërgoj

ģimene
familje

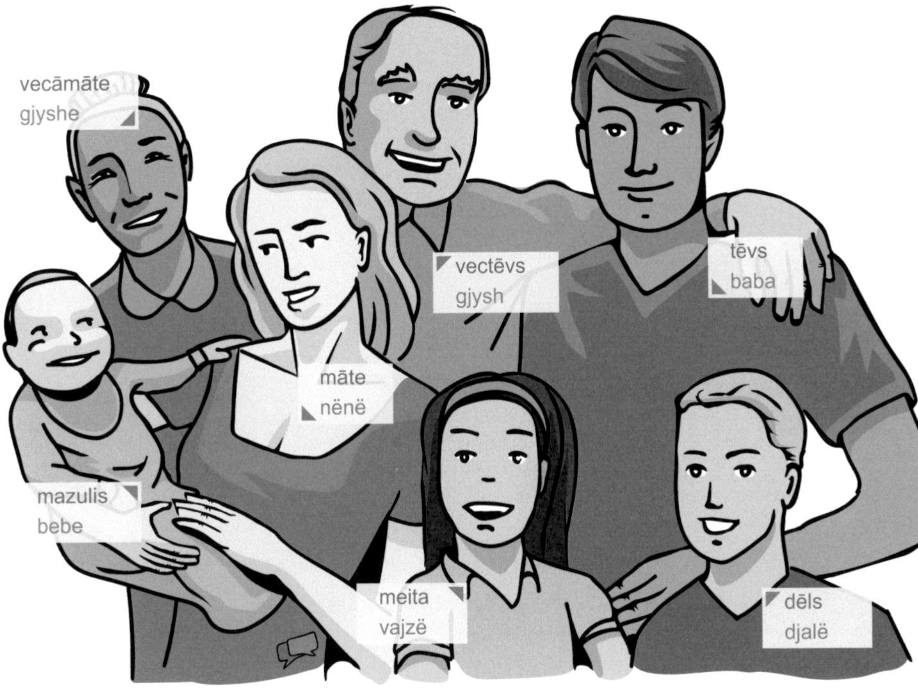

vecāmāte
gjyshe
vectēvs
gjysh
tēvs
baba
māte
nënë
mazulis
bebe
meita
vajzë
dēls
djalë

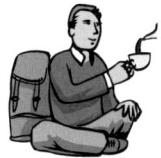

viesis

mysafir

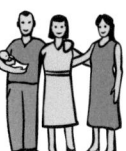

tante

teze, hallë

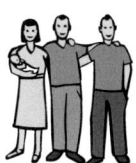

onkulis

dajë, xhaxha

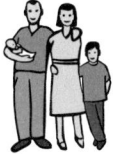

brālis

vëlla

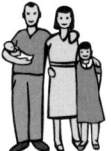

māsa

motër

ķermenis
trupi

piere
balli
acs
syri
plecs
shpatulla
pirksts
gishti
seja
fytyra
zods
mjekra
roka
dora
krūtis
krahërori
kāja
këmba
roka
krahu

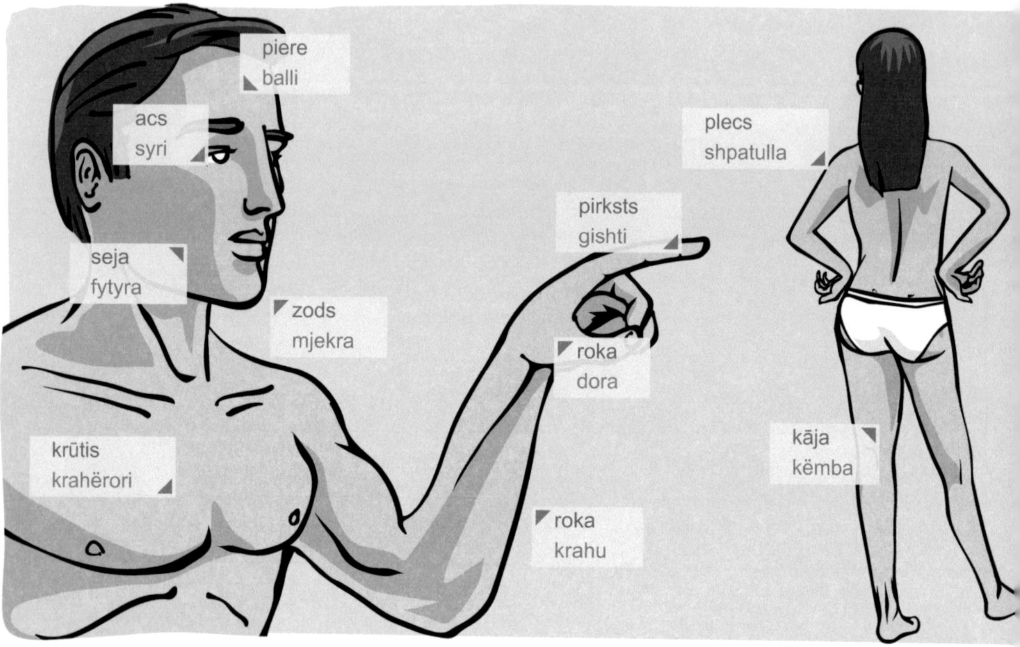

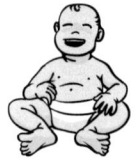

mazulis

bebe

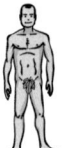

vīrietis

burrë

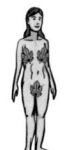

sieviete

grua

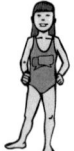

meitene

vajzë

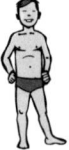

zēns

djalë

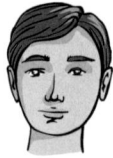

galva

koka

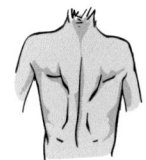

mugura

shpina

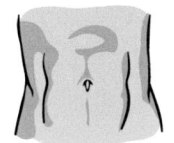

vēders

barku

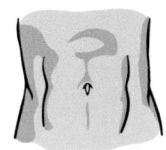

naba

kërthiza

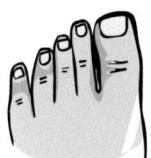

kājas pirksts

gisht këmbe

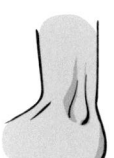

papēdis

Thembra

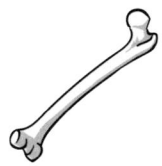

kauls

kockë

gurns

legeni

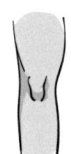

celis

gjuri

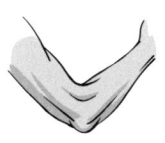

elkonis

bërryli

deguns

hunda

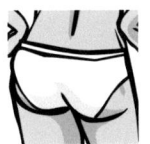

dibens

vithe

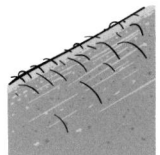

āda

lëkura

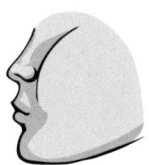

vaigs

faqja

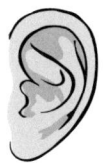

auss

veshi

lūpa

buza

mute

goja

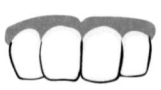

zobs

dhëmbët

mēle

gjuha

smadzenes

truri

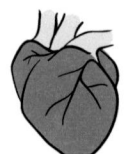

sirds

zemra

muskulis

muskul

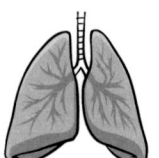

plaušas

mushkëria

aknas

mëlçia

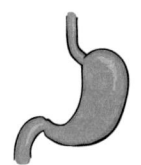

kuņģis

stomaku

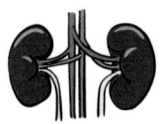

nieres

veshka

dzimumakts

seks

kondoms

prezervativ

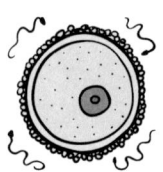

olšūna

veza

sperma

sperma

grūtniecība

shtatëzani

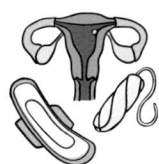

menstruācijas

menstruacione

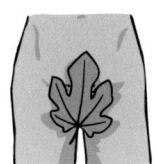

vagīna

vagina

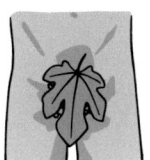

penis

penis

uzacs

vetulla

mati

flokët

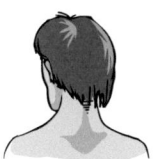

kakls

qafa

slimnīca
spital

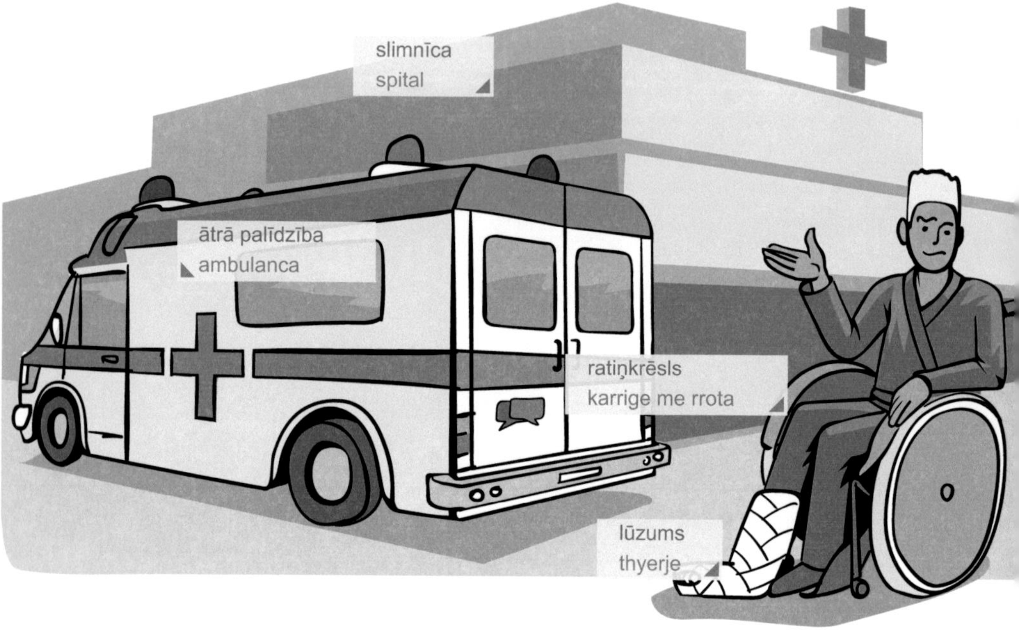

slimnīca
spital
ātrā palīdzība
ambulanca
ratiņkrēsls
karrige me rrota
lūzums
thyerje

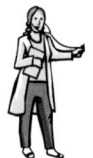

ārsts

mjek

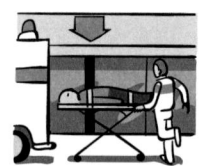

neatliekamās palīdzības nodaļa

sallë urgjencash

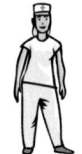

medmāsa

infermiere

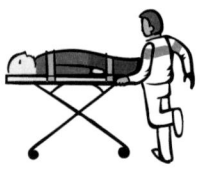

ārkārtas gadījums

emergjencë

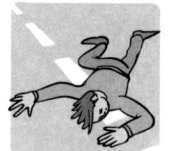

paģībis

i pandërgjegjshëm

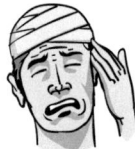

sāpes

dhimbje

ievainojums

dëmtim

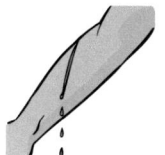

asiņošana

gjakosje

sirdslēkme

infarkt

insults

goditje

alerģija

alergji

klepus

kolla

temperatūra

ethe

gripa

grip

caureja

diarre

galvassāpes

dhimbje koke

vēzis

kancer

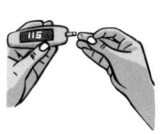

diabēts

diabet

ķirurgs

kirurg

skalpelis

bisturi

operācija

operacion

datortomogrāfija

CT (skaner)

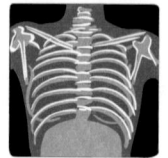

rentgents

radiografi

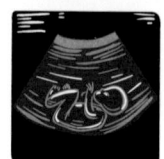

ultraskaņa

ultratingull

sejas maska

maskë fytyre

slimība

sëmundje

uzgaidāmā telpa

dhomë pritjeje

kruķis

paterica

plāksteris

leukoplast

apsējs

fasho

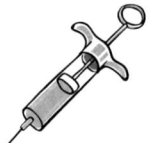

injekcija

injeksion

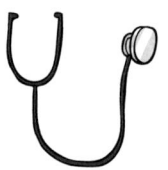

stetoskops

stetoskop

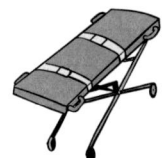

nestuves

barelë

termometrs

termometër

dzemdības

lindje

liekais svars

mbipeshë

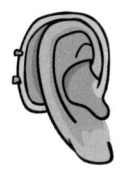

dzirdes aparāts

aparat dëgjimi

dezinfekcijas līdzeklis

dezinfektant

infekcija

infeksion

vīruss

virus

HIV / AIDS

HIV / AIDS

zāles

mjekësi, mjekim

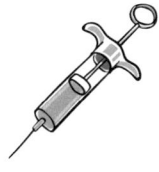

pote

vaksinim

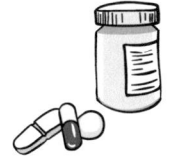

tabletes

tableta

pretapaugļošanās tablete

pilulë

ārkārtas izsaukums

telefonatë emergjence

asinsspiediena mērītājs

aparat tensioni

slims / vesels

i sëmurë / i shëndetshëm

Palīgā!

Ndihmë!

trauksme

alarm

uzbrukums

sulm

uzbrukums

atak

bīstamība

rrezik

avārijas izeja

dalje emergjence

Uguns!

Zjarr!

ugunsdzēšamais aparāts

fikëse zjarri

negadījums

aksident

pirmās palīdzības aptieciņa

kuti e ndimës së shpejtë

SOS

SOS

policija

policia

Eiropa

Europa

Ziemeļamerika

Amerika e Veriut

Dienvidamerika

Amerika e Jugut

Āfrika

Afrika

Āzija

Azia

Austrālija

Australia

Atlantijas okeāns

Atlantiku

Klusais okeāns

Paqësori

Indijas okeāns

Oqeani Indian

Dienvidu okeāns

Oqeani Antarktik

Ziemeļu ledus okeāns

Oqeani Arktik

Ziemeļpols

Poli i veriut

Dienvidpols

Poli i Jugut

Antarktika

Antarktida

zeme

toka

zeme

tokë

jūra

det

sala

ishull

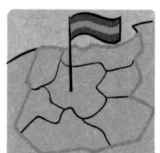

nācija

komb

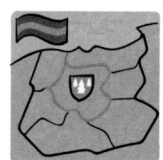

valsts

shtet

ciparnīca

fusha e orës

stundu rādītājs

akrepi i orës

minūšu rādītājs

akrepi i minutave

sekunžu rādītājs

akrepi i sekondave

Cik ir pulkstenis?

Sa është ora?

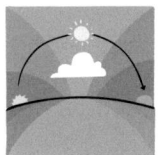

diena

ditë

laiks

kohë

tagad

tani

digitālais pulkstenis

orë dixhitale

minūte

minutë

stunda

orë

nedēļa
javë

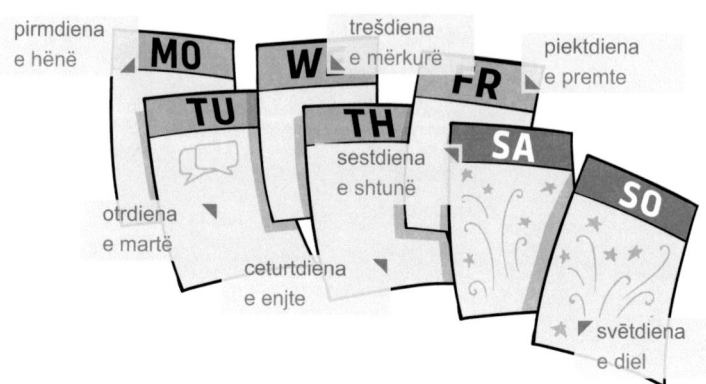

pirmdiena
e hënë

trešdiena
e mërkurë

piektdiena
e premte

otrdiena
e martë

sestdiena
e shtunë

ceturtdiena
e enjte

svētdiena
e diel

vakardien

dje

šodien

sot

rītdien

nesër

rīts

mëngjes

pusdienlaiks

mesditë

vakars

mbrëmje

darbadienas

ditë pune

brīvdienas

fundjavë

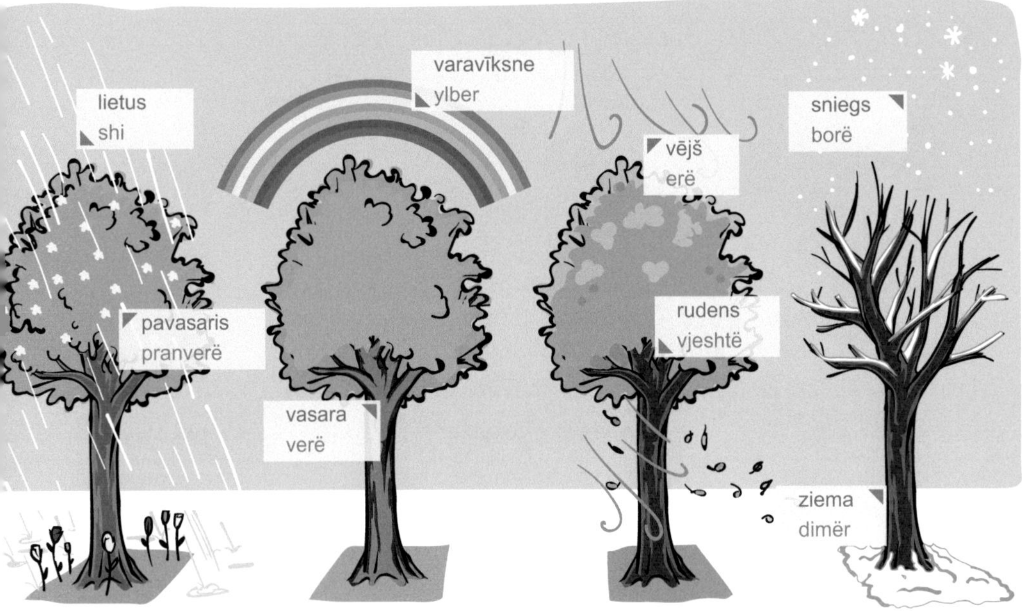

lietus
shi

varavīksne
ylber

sniegs
borë

vējš
erë

pavasaris
pranverë

rudens
vjeshtë

vasara
verë

ziema
dimër

laika prognoze
parashikimi i motit

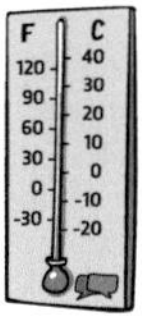

termometrs
termometër

saules gaisma
ndriçim dielli

mākonis
re

migla
mjegull

gaisa mitrums
lagështi

zibens

vetëtima

pērkons

gjëmim

vētra

stuhi

krusa

breshër

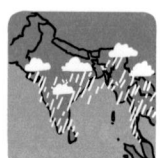

musons

muson

plūdi

përmbytje

ledus

akull

janvāris

janar

februāris

shkurt

marts

mars

aprīlis

prill

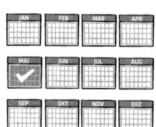

maijs

maj

jūnijs

qershor

jūlijs

korrik

augusts

gusht

septembris

shtator

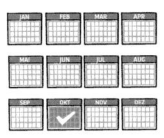

oktobris

tetor

novembris

nëntor

decembris

dhjetor

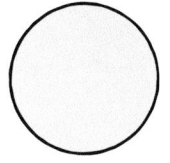

aplis

rreth

kvadrāts

katror

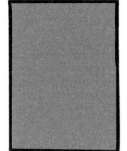

četrstūris

drejtkëndësh

trīsstūris

trekëndësh

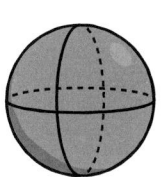

lode

sferë

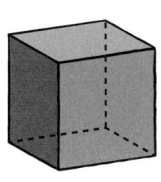

kubs

kub

balts
e bardhë

dzeltens
e verdhë

oranžs
portokalli

sārts
rozë

sarkans
e kuqe

lillā
vjollcë

zils
blu

zaļš
e gjelbër

brūns
kafe

pelēks
gri

melns
e zezë

daudz / maz

shumë / pak

saniknots / miermīlīgs

i nevrikosur / i qetë

skaists / neglīts

i bukur / i shëmtuar

sākums / beigas

fillim / fund

liels / mazs

i madh / i vogël

gaišs / tumšs

i ndritshëm / i errët

brālis / māsa

vëlla / motër

tīrs / netīrs

e pastër / e pistë

pilnīgs / nepilnīgs

e plotë / jo e plotë

diena / nakts

ditë / natë

miris / dzīvs

gjallë / vdekur

plats / šaurs

i gjerë / i ngushtë

baudāms / nebaudāms

i ngrënshëm / i
pangrënshëm

nikns / laipns

i keq / i këndshëm

satraukts / garlaikots

i lumtur / i mërzitur

resns / tievs

i shëndoshë / i dobët

pirmais /pēdējais

e para / e fundit

draugs / ienaidnieks

mik / armik

pilns / tukšs

plot / bosh

ciets / mīksts

e fortë / e butë

smags / viegls

e rëndë / e lehtë

izsalkums / slāpes

uri / etje

slims / vesels

i sëmurë / i shëndetshëm

nelegāls / legāls

e paligjshme / e ligjshme

inteliģents / dumjš

i zgjuar / budalla

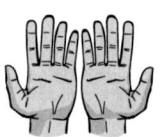

kreisais / labais

majtas / djathtas

tuvu / tālu

afër / larg

jauns / lietots

e re / e përdorur

nekas / kaut kas

asgjë / diçka

vecs / jauns

i moshuar / i ri

ieslēgts / izslēgts

ndezur / fikur

atvērts / slēgts

hapur / mbyllur

kluss / skaļš

i qetë / i zhurmshëm

bagāts / nabags

i pasur / i varfër

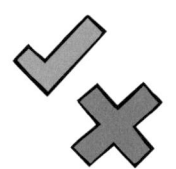

pareizi / nepareizi

e drejtë / e gabuar

raupjš / gluds

i ashpër / i butë

noskumis / laimīgs

i mërzitur / i lumtur

īss / garš

i shkurtër / i gjatë

lēns / ātrs

ngadalë / shpejt

slapjš / sauss

i lagësht / i thatë

silts / vēss

ngrohtë / freskët

karš / miers

luftë / paqe

pretstati - të kundërta

0

nulle

zero

1

viens

një

2

divi

dy

3

trīs

tre

4

četri

katër

5

pieci

pesë

6

seši

gjashtë

7

septiņi

shtatë

8

astoņi

tetë

9

deviņi

nentë

10

desmit

dhjetë

11

vienpadsmit

njëmbëdhjetë

12

divpadsmit

dymbëdhjetë

13

trīspadsmit

trembëdhjetë

14

četrpadsmit

katërmbëdhjetë

15

piecpadsmit

pesëmbëdhjetë

16

sešpadsmit

gjashtëmbëdhjetë

17

septiņpadsmit

shtatëmbëdhjetë

18

astoņpadsmit

tetëmbëdhjetë

19

deviņpadsmit

nentëmbëdhjetë

20

divdesmit

njëzetë

100

simts

qind

1.000

tūkstotis

mijë

1.000.000

miljons

milion

anglu

anglisht

amerikāņu anglu

anglishte amerikane

ķīniešu mandarīnu valoda

kinezisht mandarin

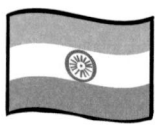

hindi

hindi

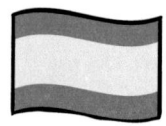

spāņu

spanjisht

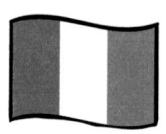

franču

frëngjisht

arābu

arabisht

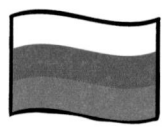

krievu

rusisht

portugāļu

portugalisht

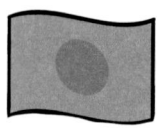

bengāļu

bengalisht

vācu

gjermanisht

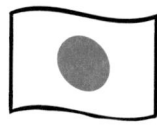

japāņu

japonisht

es
unë

tu
ti

viņš / viņa
ai / ajo

mēs
ne

jūs
ju

viņi / viņas
ata

kas?
kush?

ko?
çfarë?

kā?
si?

kur?
ku?

kad?
kur?

vārds
emër

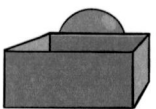

aiz

pas

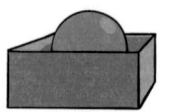

iekšā

në

priekšā

përballë

virs

sipër

uz

mbi

zem

poshtë

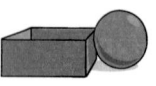

blakus

pranë

starp

midis

vieta

vend